ÉTATS
UNIS

HAWAÏ

ÎLES FIDJI

POLYNÉSIE

TONGA

ÎLE
DE PÂQUES

OCÉAN
PACIFIQUE
SUD

NOUVELLE
ZÉLANDE

ANTARCTIQUE

Pour en savoir plus sur les auteurs et sur *le Cycle du Nautile*, va sur www.grandsud.net

© 2006, Bayard Éditions Jeunesse
© 2005, magazine *J'aime la BD*
ISBN : 2 7470 2054 1
Dépôt légal : avril 2006
Imprimé en France par Pollina - n° L99588A

Scénario :
Florence Décamp

Dessin :
Olivier Balez

Couleur :
Delphine Gloannec

LE CYCLE DU NAUTILE

3. LES FANTÔMES DE NAN MADOL

FOPLA / AABPO

BD

BAYARD

AÉROPORT DE PONHPEI.

MOSQUITO, VA CHERCHER LES VALISES, S'IL TE PLAÎT... PENDANT QUE JE RETROUVE NOTRE GUIDE.

OK.

OUAIS... BEN MAINTENANT, JE SAIS POURQUOI IL M'EMMÈNE AVEC LUI...

...

HÉ, DE COURCEL ! DE COURCEL, T'AS VU ÇA ?

NOM D'UN WOMBAT ! DE COURCEL !

NOOON!

DE COURCEL... CE N'EST PAS POSSIBLE.

QUI ES-TU ? POURQUOI PORTES TU LE NOM DE PHILIBERT ? LE NOM DE CET HOMME QUE J'AI TANT AIMÉ ET QUI M'A ABANDONNÉE IL Y A SI LONGTEMPS.

CE NOM EST MAUDIT. TU ENTENDS ! MAUDIT DEPUIS DES GÉNÉRATIONS ET POUR TOUJOURS.

TOI QUI PORTES CE NOM...

... JE VAIS TE TUER !

SALUT, MOSQUITO !

UN VAMPIRE !

CE N'EST PAS UN VAMPIRE. JACK MÂCHE DE LA NOIX DE BÉTEL. C'EST POUR ÇA QU'IL A LA BOUCHE ROUGE.

T'ES SÛR ?

NE T'INQUIÈTE PAS, MOSQUITO, JE NE VAIS PAS TE MANGER : JE SUIS VOTRE CHAUFFEUR...

... ET JE SUIS LE MEILLEUR GUIDE DE L'ÎLE DE PONAPE.

ALLEZ, ON CHARGE LES VALISES !

ALORS, COMME ÇA, VOUS VOUS INTÉRESSEZ AUX GENS DE LA VALLÉE DE MAND ?

OUI, ILS SEMBLENT AVOIR UNE MÉMOIRE EXTRAORDINAIRE.

ILS SE TRANSMETTENT LES HISTOIRES DE GÉNÉRATION EN GÉNÉRATION. JE VEUX LEUR POSER DES QUESTIONS SUR UN FRANÇAIS QUI A FAIT NAUFRAGE SUR CETTE ÎLE ET A VÉCU AVEC EUX IL Y A ENVIRON DEUX SIÈCLES...

DEUX SIÈCLES, C'EST PAS RIEN !

OUAIS, SACRÉE MÉMOIRE, LES MECS !

ET C'EST QUI, CE FRANÇAIS ?

PFOUIT !

MON ANCÊTRE. ENFIN, PEUT-ÊTRE. UNE CHOSE EST CERTAINE, NOUS PORTONS LE MÊME NOM...

... PHILIBERT DE COURCEL.

UN CY... CY... CYCLONE ?

ÇA S'EST CALMÉ D'UN COUP !

TU M'AVAIS DIT QUE CE SERAIT TRANQUILLE COMME VOYAGE. QU'ON IRAIT À LA PLAGE TOUS LES JOURS. TU NE M'AVAIS PAS PARLÉ D'ESCALADER LES ARBRES !!

ET L'ASCENSEUR, IL EST OÙ ?

CRRRRR

?

VOUFFF!

TOUT COMPTE FAIT, JE VAIS PRENDRE L'ESCALIER.

ET MAINTENANT ?

CE N'EST PAS LE MOMENT DE MÂCHER DE LA NOIX DE BÉTEL, JACK !

AH NON ! LÀ, JE ME SUIS COGNÉ...

AH ? BON, BON.

MAIS FAUT NOUS SORTIR DE LÀ, MON VIEUX !

JE SAIS, MAIS NOUS SOMMES CERNÉS PAR LES MONTAGNES...

IMPOSSIBLE DE LES FRANCHIR PAR LE HAUT !

ET VERS LE BAS ?

LE TORRENT
EST TROP FORT...

IL N'Y A QU'UNE SOLUTION :
DESCENDRE CE TORRENT
SUR DES FEUILLES DE TARO.

LES FEUILLES DE TARO GÉANT
NOUS PERMETTRONT DE SURFER
SUR L'EAU.

VOUS HABITEZ EN
AUSTRALIE, VOUS DEVEZ
AVOIR L'HABITUDE,
NON ?

JE NE SUIS PAS CERTAIN QUE...

POC !

AÏE

MAIS
QU'EST-CE
QUE...

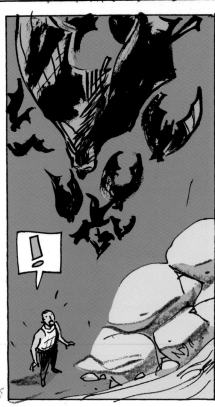

ÇA VA, MOSQUITO?

OU... OUI, JE CROIS... MAIS...

OÙ EST PHILIBERT ?

HA HA HA

LES GENS DE MAND SONT DES MÉCHANTS. ILS N'ONT PAS RETENU MON AMOUR, ILS L'ONT LAISSÉ PARTIR LOIN DE MOI.

JE VOUS DÉTESTE. JE TE DÉTESTE. J'ÉTAIS TA FEMME, TU N'AVAIS PAS LE DROIT DE M'ABANDONNER !

PAS LE DROIT...

JE N'AI JAMAIS VU UNE ATTAQUE DE CHAUVES-SOURIS EN PLEIN JOUR.

OUAIS. ET ELLES AVAIENT UN COMPTE À RÉGLER AVEC PHILIBERT.

PHILIBERT, OÙ ES-TU ?

VOUS NE DEVEZ PAS CONTINUER, LES GENS DE MAND NE VEULENT PAS DE VOUS.

QU'EST-CE QUE TU RACONTES ?'

LES GENS DE MAND VOUS ONT JETÉ UN MAUVAIS SORT. LE CYCLONE, LES CHAUVES-SOURIS : C'EST EUX !

LES GENS DE MAND SONT CAPABLES DE VOIR À TRAVERS LA NUIT. COMME LES CHATS.

MAIS, LE JOUR, IL FAUT QU'ILS RESTENT CACHÉS, À L'ABRI DU SOLEIL !

MOSQUITO, IL EST PLUS PRUDENT DE RENTRER AVANT LE COUCHER DU SOLEIL...

PAS AVANT D'AVOIR RETROUVÉ PHILIBERT !

MAIS IL S'EST NOYÉ. SI LES CHAUVES SOURIS NE L'ONT PAS DÉCHIQUETÉ...

NON, J'AI LE SENTIMENT QU'IL VIT TOUJOURS,...

... ENFIN JE CROIS.

NON, MAHINA, LES BEIGNETS DE BANANE, TU LES PARFUMES AU CITRON VERT.

MAIS, MILENA, TU N'Y PENSES PAS ! ET POURQUOI PAS AU PAMPLEMOUSSE...

IL N'Y A QUE LA VANILLE POUR ALLER DIVINEMENT AVEC LA BANANE.

LA VANILLE ! C'EST D'UN BANAL !

BANALE, LA VANILLE ?

ÉCOUTE, MAHINA : ON VA DEMANDER À QUELQU'UN DE TRANCHER : CITRON OU VANILLE.

...

CITRON ? ET POURQUOI PAS DU POTIRON ?

EST-CE QUE JE PEUX VOUS AIDER ?

BONJOUR, MADAME.

MADEMOISELLE, PEUT-ÊTRE ?

HUM...

J'ESSAIE DE ME RENDRE DANS LA VALLÉE DE MAND.

MAND ? POURQUOI MAND ? VOUS ÊTES ENCORE UN DE CES ARCHÉOLOGUES QUI CHERCHENT À PERCER LE MYSTÈRE DE LA CITÉ LACUSTRE ?

NON, PAS DU TOUT, JE...

DE TOUTE FAÇON, LES GENS DE MAND NE VOUS EMMÈNERONT PAS LÀ-BAS. LA CITÉ LACUSTRE EST UN LIEU TABOU !

TABOU ? MAIS POURQUOI ?

DE VIEILLES HISTOIRES, DE TRÈS VIEILLES HISTOIRES...

... QUE VOUS NE POURREZ JAMAIS CONNAÎTRE !

BONJOUR, MESDAMES. POUVEZ-VOUS M'INDIQUER LA DIRECTION DE LA VALLÉE DE MAND?

C'EST PAR LÀ...

QUELLE COÏNCIDENCE !

NOUS Y ALLONS AUSSI !

ALLONS-Y ENSEMBLE !

J'EN SERAI RAVI. LA DAME QUI M'ACCOMPAGNE NE SEMBLE PAS APPRÉCIER LES HABITANTS DE CETTE VALLÉE.

QUELLE DAME ?

C'EST TROP TARD !

BIENTÔT, ON N'Y VERRA PLUS RIEN. IL FAUT FAIRE DEMI-TOUR, MOSQUITO. LES GENS DE MAND VONT SORTIR DE LEUR VILLAGE...

ILS VONT SORTIR, MOSQUITO !

ÇA SUFFIT, JACK ! TU VAS NOUS COLLER LA POISSE. IL FAUT QU'ON RETROUVE PHILIBERT.

ALLEZ, AV...

POURQUOI T'AVANCES PLUS ? TU LES AS VUS, HEIN ? TU LES AS VUS !

JE VOIS SURTOUT QUE TU NOUS FAIS TOURNER EN ROND DEPUIS UN MOMENT ! CET ARBRE COUCHÉ, C'EST LA TROISIÈME FOIS QU'ON L'ENJAMBE.

ALORS ?

CRACK

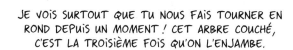

IL Y A QUELQU'UN ?

PHILIBERT, C'EST TOI ?

JACK, TU VOIS QUELQUE CHOSE, TOI ?

JACK ?

AH, D'ACCORD...

LE MEILLEUR GUIDE DE PONAPE... MAIS AUSSI LE PLUS PEUREUX !

J'IMAGINE QUE JE NE LE REVERRAI PLUS...

PAR LE KOOKABOURA !

ALORS, CES BEIGNETS DE BANANE...

... C'EST MEILLEUR AVEC DE LA VANILLE...

... OU AVEC DU CITRON ?

CH'EST DÉLICHIEUX AU CHITRON ET CH'EST CHOMPTUEUX À LA VANILLE. MAIS, GLOUPS ! JE N'EN PEUX PLUS.

J'AI QUELQUES QUESTIONS À VOUS POSER. DITES-MOI, CHÈRES AMIES, POURQUOI TOUT LE MONDE SEMBLE CRAINDRE LES GENS DE MAND ?

LES HABITANTS DE MAND SONT ATTEINTS D'UNE MALADIE TERRIBLE, SI RARE, SI ÉTRANGE...

...QUE PERSONNE NE VEUT Y CROIRE.

VOUS REPRENDREZ BIEN UN PETIT GÂTEAU AVEC LE CAFÉ ?

ÉCOUTEZ... CE SERAIT VRAIMENT ABUSER DE VOTRE HOSPITALITÉ.

MAHINA, MILENA !

JE CROIS QU'ON A RETROUVÉ LE JEUNE AMI DE VOTRE INVITÉ...

BANDE DE LÂCHES ! LAISSEZ-MOI PARTIR !

ATTENDEZ QUE JE SORTE D'ICI...

JE VAIS VOUS DONNER UNE LEÇON, ESPÈCES DE CHATS DE GOUTTIÈRE !

MOSQUITO ?

PHILIBERT !!! TU ES EN VIE !

LES GENS DE MAND T'ONT CAPTURÉ, TOI AUSSI ?

TOUT VA BIEN, MOSQUITO.

JACK S'EST ENFUI. IL FAUT SE TIRER D'ICI AU PLUS VITE !

ILS ONT DES TÊTES DE WALLABIES ET DES YEUX DE CHATS, CES TYPES... FAUT PAS TRAÎNER ICI !

MOSQUITO, ÉCOUTE-MOI !

ON CREUSE UN TUNNEL ? LA TERRE N'EST PAS TROP DURE...

ÉCOUTE-MOI !

TU N'AURAIS PAS UNE PELLE AVEC TOI, PHILI...

HEUREUX DE TE RETROUVER, MOSQUITO.

IL EST SI MIGNON !

SI TROGON, CE PETIT BOUT'CHOU.

AU SECOURS ! JE NE PEUX PLUS RESPIRER !

MOSQUITO, JE TE PRÉSENTE MILENA ET MAHINA...

NON, C'EST L'INVERSE. MAHINA...

... ET MILENA.

QU'IMPORTE ! VOUS ÊTES TOUTES DEUX EXQUISES !

NOS AMIES SONT D'ANCIENNES SAGES-FEMMES. ELLES ONT MIS AU MONDE TOUS LES BÉBÉS DE L'ÎLE... CEUX DE LA VALLÉE DE MAND AUSSI.

LES TYPES AUX YEUX DE CHATS ! ILS SONT PASSÉS OÙ, CES GROS MATOUS ?

ILS NOUS RÉSERVENT UNE FÊTE DERRIÈRE LE VILLAGE.

DIS DONC...

CELUI QUI A FAIT LA DÉCO AIMAIT LES COULEURS...

JUSTEMENT... LES HABITANTS DE MAND NE VOIENT PAS LES COULEURS.

ILS NE VOIENT QU'EN NOIR ET BLANC. C'EST À CAUSE D'UNE MALADIE GÉNÉTIQUE...

... QUI SE TRANSMET DE GÉNÉRATION EN GÉNÉRATION.

MAIS LES HABITANTS DE L'ÎLE PENSENT QUE LES GENS DE LA VALLÉE DE MAND SONT MAUDITS...

C'EST TOI QUI ES MAUDIT, PHILIBERT.

PLOC

28

ATTENTION !

PAF !

T'AS PAS LA GUIGNE, TOI, EN CE MOMENT ?

DEPUIS QUE NOUS SOMMES ARRIVÉS SUR CETTE ÎLE, TU COLLECTIONNES LES TUILES !

ET MÊME LES NOIX DE COCO !

BON, ON VA PAS EN FAIRE UN PLAT. ALLEZ, TES AMIS WALLABIES NOUS ATTENDENT POUR FAIRE LA FÊTE.

ON POURRAIT FAIRE UNE TARTE AU COCO...

... OU DES PETITS GÂTEAUX !

UNE TARTE !

DES GÂTEAUX !

ILS SONT PLUTÔT SYMPA, TES COPAINS...
MAIS ILS ONT UNE DRÔLE DE TÊTE.

ILS ONT LES YEUX TRÈS FRAGILES, TRÈS
SENSIBLES À LA LUMIÈRE. ILS NE PEUVENT
CIRCULER QUE LA NUIT.

C'EST
QUOI ?

DU CAVA.

JE PEUX GOÛTER ?

NON. C'EST RÉSERVÉ AUX ADULTES. C'EST UNE BOISSON
QUI PEUT ÊTRE DANGEREUSE. ELLE ENDORT
LE CORPS ET LE CERVEAU.

DE TOUTE FAÇON, J'EN VEUX PAS, DE TON
TRUC. ON DIRAIT DU JUS DE CHAUSSETTE.

30

JE VAIS VOUS RACONTER L'HISTOIRE QUE VOUS ATTENDEZ... CELLE QUE NOS ANCIENS DÉTIENNENT DE LEURS PROPRES ANCIENS.

ILS L'ONT TROUVÉ SUR LA PLAGE, PRESQUE MORT.

IL AVAIT FAIT NAUFRAGE. IL DISAIT QU'IL VENAIT DE TRÈS LOIN, D'UNE ÎLE SI GRANDE QU'UNE VIE NE SUFFIT PAS À EN FAIRE LE TOUR.

IL A APPRIS NOS COUTUMES, NOTRE LANGUE. IL A ÉTÉ ADOPTÉ PAR TOUT LE VILLAGE

POUR RACONTER SON HISTOIRE, IL A GRAVÉ DES MOTS ET DES IMAGES SUR LA ROCHE.

ET PUIS UN JOUR...

ELLE L'AIMAIT. MAIS IL VOULAIT REPARTIR, RETROUVER SA TERRE NATALE. IL ALLAIT SOUVENT SUR LA PLAGE. IL ATTENDAIT UN BATEAU.

UN JOUR, IL EST PARTI, ET ON NE L'A PLUS JAMAIS REVU.
VOILÀ L'HISTOIRE QUE LES VIEUX NOUS ONT RACONTÉE DE PÈRE EN FILS...

CELLE DE L'ÉTRANGER QUI A VÉCU AVEC NOUS, IL Y A TRÈS LONGTEMPS.

MAIS OÙ EST-IL PARTI ?

VERS NAN MADOL. MAIS ENSUITE, ON NE SAIT PAS.

NAN MADOL ! LA CITÉ LACUSTRE ?

OUI. L'HOMME Y ALLAIT TRÈS SOUVENT POUR GRAVER LES PIERRES.

IL FAUT QUE J'AILLE LÀ-BAS !

LES GENS DE LA VALLÉE NE VONT PLUS LÀ-BAS. TROP DE FANTÔMES. C'EST TABOU.

TABOU ?

BOUTA ?

TABOU !

BATOU ?

MOSQUITO !

BABOU !

33

J'ai... J'ai entendu, pas la pppeine de crier comme ça.

Je ne dors pas, de toute façon...

Je... je somnole légèrement...

... c'est tout.

On trouve un bateau, et on part à Nan Madol.

Un Toba ? Mais c'est batou dan matol...

ALLEZ, HOP ! DU NERF, MOSQUITO !

BON, BON...

VOILÀ LE BATEAU...

NOUS SERONS BIENTÔT À NAN MADOL. MON ANCÊTRE A SÛREMENT GRAVÉ UN MESSAGE.

IL N'A PAS PU DISPARAÎTRE SANS LAISSER DE TRACE. QU'EST-CE QUE TU EN PENSES ?

MOSQUITO ?

BON, LE BAIN !

MAIS QU'EST-CE QUE TU AS EN CE MOMENT ? TU N'AS PAS DÉCROCHÉ UN MOT DEPUIS QUE TU ES SUR LA PIROGUE...

JE VEUX UN SANDWICH JAMBON-FROMAGE SANS CORNICHONS, UNE LIMONADE AVEC DES GLAÇONS, JE VEUX ALLER AU CINÉ ET MANGER DU POP-CORN...

BEN QUOI ?

MAIS C'EST QUOI, CE TRUC DE FOU ?

PERSONNE !

ON RACONTE QUE CEUX QUI ONT CONSTRUIT ET HABITÉ NAN MADOL ONT DISPARU DU JOUR AU LENDEMAIN...

COMMENT ÇA, DISPARU ?

PARTIS, ENVOLÉS... PERSONNE NE SAIT CE QUI S'EST PASSÉ... C'EST UN DES GRANDS MYSTÈRES DU PACIFIQUE.

C'EST POUR ÇA QUE LES GENS DE L'ÎLE REFUSENT DE VENIR ICI. ILS ONT PEUR...

PEUR ?

CEUX QUI ONT VOULU EXPLORER NAN MADOL NE SONT...

...JAMAIS REVENUS.

NOUS AURIONS PEUT-ÊTRE DÛ EN PARLER À PHILIBERT.

IL EST PARTI SI VITE POUR NAN MADOL, NOUS N'AVONS PAS EU LE TEMPS...

...DE LUI DIRE CE QUI EST ARRIVÉ À LA FEMME DU NAUFRAGÉ.

MAIS CELA N'A PEUT-ÊTRE AUCUN RAPPORT...

MILENA! DANS CETTE HISTOIRE, TU SAIS BIEN QUE TOUT A UN RAPPORT AVEC TOUT!

TU AS RAISON,...

BONJOUR, MESSIEURS !

APPROCHEZ ! APPROCHEZ !
JE SUIS RAVI DE VOUS VOIR ENFIN
À NAN MADOL. JE VOUS ATTENDAIS...

...AVEZ-VOUS DES NOUVELLES
DU TITANIC ?

JE SUPPOSE QU'IL N'Y A AUCUN SURVIVANT ?
C'EST TERRIBLE... QUELLE TRAGÉDIE !
LES NOUVELLES DU MONDE NOUS PARVIENNENT
AVEC BEAUCOUP DE RETARD...

...

COMME JE L'AI DIT AU GOUVERNEUR, J'AI BESOIN
DE VOTRE OPINION, MES CHERS CONFRÈRES. VENEZ
VITE, QUE JE VOUS MONTRE LES DESSINS.

BONJOUR, PROFESSEUR!

BONJOUR, MADEMOISELLE CHARLOTTE!

PLUTÔT POLIS, LES FANTÔMES DANS LE COIN...

À SE DEMANDER POURQUOI ON LES CRAINT TANT...

ET VOILÀ! LES SEULS DESSINS QUE NOUS AYONS RETROUVÉS ; LES AUTRES ONT ÉTÉ VOLONTAIREMENT DÉTRUITS. C'EST TOUT CE QUI RESTE!

CELA RESSEMBLE À DES HIÉROGLYPHES... JE ME DEMANDE SI LA CIVILISATION DE NAN MADOL NE VENAIT PAS D'ÉGYPTE.

TON ANCÊTRE EST ÉGYPTIEN?

NE DIS PAS DE BÊTISES... CES DESSINS SONT AUSSI ÉGYPTIENS QUE TU ES SUÉDOIS...

REGARDE !
UN RÉBUS !

UN DÉ, LE CHIFFRE CENT...
ÇA NOUS FAIT : « DESCENDS ».

T'ES SÛR QUE ÇA VA,
PHILIBERT ?

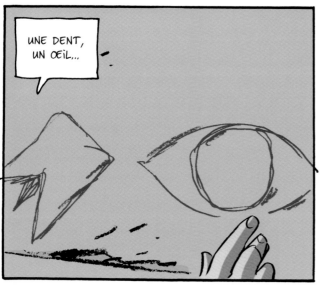

UNE DENT,
UN ŒIL...

... « DANS L'ŒIL ! »

UNE NOTE DE MUSIQUE,
UNE ÎLE... UNE NOTE, UNE ÎLE...

« NAUTILE ? »

OUUUIII !
C'EST ÇA !

« DESCENDS DANS L'ŒIL
DU NAUTILE » ?
ET POURQUOI
PAS DANS L'OREILLE
DE LA BALEINE ! IL ÉTAIT
COMPLÈTEMENT FONDU,
TON ANCÊTRE !

BRAVO, PHILIBERT !

VOUS AVEZ RÉSOLU LE RÉBUS EN QUELQUES MINUTES.

CELA FAIT PLUS D'UN SIÈCLE QUE CE PAUVRE PROFESSEUR ESSAIE D'Y RETROUVER SON LATIN !

MAIS QUE FAITES-VOUS ICI ? VOUS AVIEZ DISPARU...

C'EST QUI, LA TIGNASSE EN FOLIE ?

MOSQUITO, JE TE PRÉSENTE... CHÈRE AMIE, JE RÉALISE QUE J'IGNORE VOTRE NOM. JE NE SAIS PAS QUI VOUS ÊTES ET CE QUE...

JE SUIS SA FEMME, BIEN SÛR !

LA FEMME DU PROFESSEUR ?

NON, JE SUIS LA FEMME DE CELUI QUE PHILIBERT CROIT ÊTRE SON ANCÊTRE...

... JE SAIS TOUT DE NAN MADOL. JE PEUX SURVEILLER TOUTE LA RÉGION : JE N'AI QU'À REGARDER DANS LA VASQUE MAGIQUE DES ANCIENS. J'AI HÉRITÉ DE LEURS POUVOIRS... JE SAIS CE QUE VOUS CHERCHEZ.

QU'EST-CE QUI EST ARRIVÉ À PHILIBERT ?

J'AI EFFACÉ TOUT CE QU'IL AVAIT GRAVÉ DANS LA PIERRE.

IL DISAIT QUE C'ÉTAIT SA MÉMOIRE. IL AVAIT RACONTÉ SON NAUFRAGE SUR L'ÎLE, NOTRE MARIAGE ET LA NAISSANCE DE NOTRE FILS...

IL A EU UN FILS ?

NOTRE ENFANT S'EST NOYÉ, ET PHILIBERT EST PARTI. IL NE VOULAIT PLUS RESTER.

SUR CES MURS, IL A ÉCRIT QUE JE SOMBRAIS DANS LA DOULEUR, QUE JE DEVENAIS FOLLE DE CHAGRIN. FOLLE, MOI ?! AH AH AH !

44

IL EST PARTI, ET JE L'AI MAUDIT...

TU ENTENDS, PHILIBERT ? SI TU AS DES ENFANTS AVEC UNE AUTRE QUE MOI, ILS TE SERONT ARRACHÉS. TA LIGNÉE SERA BALAYÉE, ÉPARPILLÉE COMME LES GRAINS DE SABLE DANS LE VENT. TU N'AURAS JAMAIS DE FAMILLE !...

...PUISQUE TU PARS, TON HISTOIRE NE CESSERA DE SE RÉPÉTER, ENCORE ET TOUJOURS !

MAIS OÙ EST-IL PARTI ?

L'HEURE DE MA VENGEANCE EST ENFIN ARRIVÉE. TU NE REPARTIRAS JAMAIS !

ET QUI VA M'EN EMPÊCHER ?

EUH... JE PENSE QUE CES MECS-LÀ VONT S'EN CHARGER...

46

NOM D'UN WOMBAT !

L'OEIL DU NAUTILE !

MOSQUITO, IL FAUT QUE TU DESCENDES DANS L'OEIL DU NAUTILE !

TU PLAISANTES ? IL A LA TAILLE D'UN LAVABO !

ALLEZ ! TU ES LE PLUS PETIT, VAS-Y !

JE TE PROMETS UN SANDWICH JAMBON-FROMAGE, UNE LIMONADE, DU POP-CORN...

NON, MAIS JE TE JURE ! QU'EST-CE QU'IL FAUT PAS FAIRE...

LE PÔLE SUD N'EST PAS EXACTEMENT SUR LA ROUTE DE LA FRANCE...

...MAIS JE N'AI PAS LE CHOIX : VOUS ÊTES LE PREMIER NAVIRE À VOUS ARRÊTER SUR L'ÎLE DEPUIS DES MOIS.

NOTRE CHASSE À LA BALEINE ACHEVÉE, NOUS METTRONS LE CAP SUR BREST.

ÇA ALORS, JE VOIS LE PASSÉ !!

BONNE CHANCE, MOSQUITO ! TIENS, PRENDS ÇA POUR TE DÉBARRASSER DE LA DAME BLANCHE !

...

MON COLLIER !!

CRAK!

NOOOOOON

IL N'Y A PLUS DE FANTÔMES À NAN MADOL, ALORS ?

NON, ILS SONT TOUS RETOURNÉS DANS LE PASSÉ.

J'ESPÈRE QUE CETTE PAUVRE FEMME A ENFIN RETROUVÉ LA PAIX.

C'EST TERRIBLE D'AVOIR PERDU SON ENFANT PUIS L'HOMME QU'ELLE AIMAIT ET D'ÊTRE HANTÉE PAR LA VENGEANCE.

QU'ALLEZ VOUS FAIRE, MAINTENANT ?

SUIVRE LES TRACES DE PHILIBERT JUSQU'AU PÔLE SUD.

QU'EST-CE QUE TU EN PENSES, MOSQUITO ? UN PETIT COUP DE FROID VA NOUS FAIRE DU BIEN...

MOSQUITO?! MAIS QU'EST-CE QUE TU FABRIQUES ?

JE M'ENTRAÎNE !

La noix de Bétel

En Micronésie, où se trouve l'île de Ponape, presque tous les habitants mastiquent de la noix de bétel avec des feuilles de tabac et de la poudre de corail. Un drôle de mélange, qui donne envie de cracher tout le temps et qui colore la bouche en rouge. Voilà pourquoi ceux qui mâchent de la noix de bétel ressemblent à des vampires. Mais à de gentils vampires, comme Jack, le chauffeur de Mosquito et de Philibert.

la noix de Bétel

L'achromatopsie

Les gens qui voient seulement en noir et blanc existent vraiment ! En fait, ils souffrent d'achromatopsie, une maladie qui rend leurs yeux très sensibles à la lumière. En plein soleil, ils sont obligés de garder les paupières baissées pour ne pas avoir mal. Mais la nuit, ils ont une excellente vision. Cette maladie est très rare, mais dans la vallée de Mand, sur l'île de Ponape, dans le Nord du Pacifique, elle touche un habitant sur trois ! Et on ne connaît pour l'instant pas de moyen de les soigner.

Nan Madol

Nan Madol est une cité de pierre qui a été construite au 13ᵉ siècle au large de l'île de Ponape par une civilisation qui a complètement disparu. On ne sait toujours pas quelle technique a été utilisée pour soulever des blocs de basalte qui pèsent plusieurs tonnes ! Cet endroit reste très mystérieux. Les gens de Ponape n'aiment pas trop y aller, car ils sont persuadés que la cité lacustre est un lieu interdit.

NAN MADOL

CHINE

JAPON

OCÉAN
PACIFIQUE
NORD

PHILIPPINES

MICRONÉSIE

PONAPE

PALAU

ÎLES SALOM

INDONÉSIE

VANU

NOUVELL
CALÉDO

AUSTRALIE

SYDNEY

OCÉAN
INDIEN